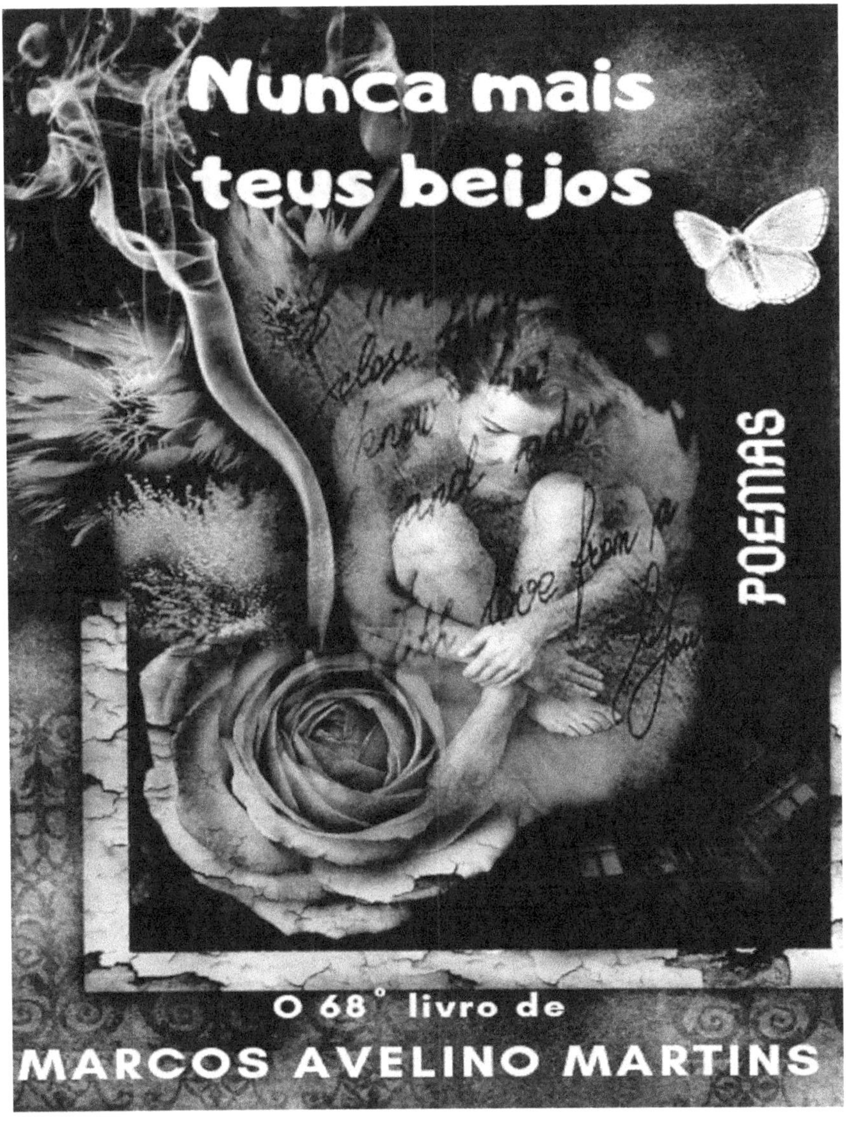

Nunca mais
teus beijos
POEMAS
O 68° livro de
MARCOS AVELINO MARTINS

NUNCA MAIS TEUS BEIJOS

MARCOS AVELINO MARTINS

1ª edição
ABRIL/2020

Goiânia – GO
Edição do Autor

ISBN: 9798629556435

Esta obra é inteiramente ficcional. Os personagens são criados a partir da imaginação do autor, e não são baseados em acontecimentos. Qualquer semelhança com situações ou pessoas, vivas ou mortas, é incidental.

Agradeço às inúmeras pessoas que contribuíram com histórias, postagens ou imagens que serviram de fonte de inspiração para alguns poemas desse livro.

TEXTOS, REVISÃO E DIAGRAMAÇÃO:

MARCOS AVELINO MARTINS

IMAGEM DA CAPA:

https://pixabay.com/photos/love-2634341/

(Imagem do Pixabay por Mary Gorobchenko)

Copyright © 2020 by Marcos Avelino Martins

Outros livros do autor, todos eles publicados no Clube de Autores e na Amazon, em versão impressa e digital:

1. **OS OCEANOS ENTRE NÓS**
2. **PÁSSARO APEDREJADO**
3. **CABRÁLIA**
4. **NUNCA TE VI, MAS NUNCA TE ESQUECI**
5. **SOB O OLHAR DE NETUNO**
6. **O TEMPO QUE SE FOI DE REPENTE**
7. **MEMÓRIAS DE UM FUTURO ESQUECIDO**
8. **ATÉ A ÚLTIMA GOTA DE SANGUE**
9. **EROTIQUE**
10. **NÃO ME LEMBREI DE ESQUECER DE VOCÊ**
11. **ATÉ QUE A ÚLTIMA ESTRELA SE APAGUE**
12. **EROTIQUE 2**
13. **A CHUVA QUE A NOITE NÃO VIU**
14. **A IMENSIDÃO DE SUA AUSÊNCIA**
15. **SIMÉTRICAS – 200 SONETOS (OU COISA PARECIDA) DE AMOR (OU COISA PARECIDA)**
16. **AS VEREDAS ONDE O MEU OLHAR SE PERDEU**
17. **A MAGIA QUE SE DESFEZ NA NOITE**
18. **QUAL É O SEGREDO PARA VIVER SEM VOCÊ?**
19. **OS TRAÇOS DE VOCÊ**
20. **STRADIVARIUS**
21. **OS SEGREDOS QUE ESCONDES NO OLHAR**
22. **ATÉ SECAREM AS ÚLTIMAS LÁGRIMAS**
23. **EROTIQUE 3**
24. **OS POEMAS QUE JAMAIS ESCREVI**
25. **TUA AUSÊNCIA, QUE ME DÓI TANTO**

<u>NUNCA MAIS TEUS BEIJOS</u>

Não quero teus beijos nunca mais,
Cansei-me de ser por ti magoado,
E depois consolado por beijos sensuais,
Para que deixasse a mágoa de lado!

Não te queria por partes,
Somente o pacote completo,
Seguindo o manual de tântricas artes,
Que de mim mantiveste secreto!

Depois, sei que irás me implorar
Para que volte, e te perdoe,
E nunca mais iremos brigar,
Mas, por muito que isto me magoe,

Vou te olhar, bem incisivo,
Sério como poucas vezes eu fico,
E, com esse meu jeito imersivo,
Cuidadosamente te explico

Que há muito tempo desisti
De tentar ressuscitar defuntos,
E de viver como se fosse um zumbi,

Como enquanto estamos juntos!

Tu me sugas como uma vampira,
Até me deixares exangue,
Nosso amor virou uma mentira,
Perdi minha última gota de sangue!

É tarde demais para sermos felizes,
É inútil tentarmos nos enganar,
Já me cansei de teus tantos deslizes,
Há muito tempo já deixei de te amar!

Vídeo relacionado: **Glenn Frey - I did it for your love**
https://www.youtube.com/watch?v=XJxrazsy16Q

<u>VOLÁTIL</u>

Seu amor era volátil,
E súbito se desintegrou,
Sua paixão era retrátil,
Foi-se e nunca voltou!

Você passou de passagem,
Mas seu *nude* aqui ficou,
O que restou foi essa imagem,
Tudo o mais se desintegrou!

Nossas noites *calientes* esfriaram,
E eram só o que nos sustentavam,
As estrelas em seus olhos se apagaram,
O tempo levou as ilusões que bailavam!

Os versos que lhe fiz, um dia rasguei,
E joguei os picotes numa lareira,
Nossas canções, nunca mais cantei,
O vento carregou nossa fogueira!

O que tínhamos, já não sei,
Mas não deixou nem sinal,
Nunca mais em você eu pensei,
E este verso foi o ponto final.

Vídeo relacionado: **Reginaldo Bessa - O tempo**
https://www.youtube.com/watch?v=vwJNiHbIziY

<u>FELIZARDO</u>

Sou um bardo
Felizardo
Carregando segredos
Na ponta dos dedos
Disfarçados de Poesia
Que se anuncia
No brilho do olhar
Onde paira o luar
Atrás de constelações
Onde se escondem paixões
Catalogadas em versos
Que percorrem universos
E se reúnem em sonetos
Gravados em amuletos
Com fotos antigas
E entoados em velhas cantigas
Que se esparramam
Entre os que se amam
E de paixão fervilham
E suas febres compartilham
Para sempre secretas
Mas nada discretas
Pois o amor se perpetua

Sob os raios da Lua
Que pairam a iluminar
O doce sonho de amar

Vídeo relacionado: **Johnny Rivers - Softly as I leave you**
https://www.youtube.com/watch?v=7ePCKLZwt9w

O CONVITE DA POESIA

A Poesia me convida
A mergulhar em sua zona fecunda,
E depois, pelo resto da vida,
Aproveitar enquanto ela me inunda!

Como resistir a este convite?
Se ele for permanente,
Deixarei que ela me habite,
Nos redemoinhos da mente!

E nosso convívio será prodigioso,
Muito além do que há no horizonte,
Sei que será sempre maravilhoso
Repaginar as histórias que ela me conte!

Ah, Poesia, fique bem à vontade,
Conte-me segredos do fundo do baú,
Ainda que nem sejam verdade,
Voe comigo na imensidão desse azul!

E, quando eu já estiver no ocaso,
Deite-se comigo, até que eu adormeça,
E, se eu não despertar, por acaso,
Cante meus poemas, para que ninguém me esqueça!

Vídeo relacionado: **Pete Dunaway - You're the reason**
http://www.youtube.com/watch?v=fTdxZhl4JgI

<u>EFÊMERA</u>

Talvez a mais linda flor
Já não tenha nada a desabrochar,
Talvez morra por amor,
Antes da Lua se ocultar!

Quem sabe seus mistérios,
Se nunca os contou a ninguém?
Talvez pratique adultérios,
E esteja traindo alguém!

Mas quem a ouve cantando,
Nesse jardim tão florido,
Segue sempre se encantando
Com essas delícias no ouvido!

E essa flor magnífica, exuberante,
Jamais esteve assim tão bela,
Tão feliz, risonha e radiante,
Cantando essa cantiga singela!

Pena que a alegria jardins não governa,
E que flores lindas morrem tão cedo,
Mas e se eu lhe prometer vida eterna,
Será que ela me contará seu segredo?

Vídeo relacionado: **Stamatis Spanoudakis - Zafnikos erotas (Sudden love)**
https://www.youtube.com/watch?v=bSyUoEtSd8I

<u>IMPRESSÃO</u>

Numa das vezes em que nos vimos,
Vi por instantes um brilho estranho
Em seus olhos meio verdes, meio azulados,
E, depois de muitas vezes que rimos,
Suas pupilas aumentaram de tamanho,
E seus olhos ficaram meio encharcados!
Mas talvez tenha sido só impressão,
Talvez aquele brilho não fosse por nós,
Nem eu tenha lhe provocado interesse,
Provavelmente nem pensou em paixão,
E apenas imaginei um tremor em sua voz,
E que levemente seus lábios mordesse,
Meio de lado, mas me causou arrepios
Imaginar que uma deusa assim se interessasse
Por esse pobre poeta das rimas mais loucas,
Se para o seu oceano correm todos os rios,
E todos os olhares se desviam para sua face,
Como se encantaria por minhas palavras roucas,
Que espécie de estupor causaria essa magia,
Se sempre vivemos em mundos diversos,
Você no Olimpo, eu junto às minas terrestres,
Como você se interessaria por Poesia,
E seus olhos brilhariam por meus versos,

Bem distantes daqueles dos grandes mestres?
Mas hoje, como por mágica, cá estamos,
Olhos nos olhos, degustando um uísque,
Separados apenas pela mesa do restaurante,
E pelo jeito ardente como nos olhamos,
Será necessário que eu me belisque
Para ver se é verdade o seu sorriso radiante,
E esse seu olhar carregado de promessas,
Que sei que, antes que essa noite termine,
Serão cumpridas, cada uma delas,
E as juras de amor, em seus olhos impressas,
Serão prenúncios, mais do que eu imagine,
Das noites de amor mais fogosas e belas,
Você se desvendando, tirando todos os panos,
Sensual e lentamente me hipnotizando,
Expondo seu desejo da forma mais completa,
Mesmo que nunca fizesse parte dos seus planos,
Mas que num desígnio divino vai se materializando,
Nesse amor impensável entre uma deusa e um poeta...

Vídeo relacionado: **Matthew Fisher - Can't you feel my love**
https://www.youtube.com/watch?v=4e-NnqDK3jY

<u>CATEDRÁTICO</u>

Esse teu corpo matemático,
Cheio de linhas e curvas,
Derruba meu lado catedrático,
Pois meus olhos turvas
Quando nele pousam,
E cheios de desejo ousam
Confessar que me encantas,
Provocando sanhas nada santas,
Que deixo às claras, expostas,
Ao ver as curvas de tuas costas,
Feitas por divinal artífice,
Que me elevam ao ápice,
E, quando enfim o percebes,
Sorris, mais um gole de vinho bebes,
E te aproximas, devagar,
Um sorriso cínico no olhar,
E me saúdas com um beijo ardente,
Enquanto me encostas, indecente,
Num beijo que inicia uma sequência
De carícias cheias de urgência,
Minha boca contra tua boca macia,
Até que me jogas numa cama bravia,
Onde nos desvendamos pela noite afora,

Num frenesi que para acabar não tem hora,
E, quando ao amanhecer me olhas sorrindo,
Sei que acaba de começar um amor infindo!

Vídeo relacionado: **Sting – Shape of my heart**
https://www.youtube.com/watch?v=A9W1aZu5Pc0

<u>É IMPOSSÍVEL</u>

Esquecer-te é impossível,
Por isto, nem mesmo tento,
Essa saudade invencível
É o meu maior tormento!

Nas minhas noites sem fim,
A tua lembrança enfrento,
E teus dentes de marfim
Estão nos versos que invento!

Teus lábios que tanto beijei
Tornam-me ainda mais sedento,
E lembrar teu corpo, que tanto desejei,
Comprime meu coração em desalento!

Tuas fotos, estão por aqui espalhadas,
E apenas aumentam o meu sofrimento,
E o som de tuas enormes gargalhadas
Está nos sonhos que sempre frequento!

Você se foi, mas nem parece,
Ainda ouço tua meiga voz ao relento,
E todos os dias, quando anoitece,
Escuto tua risada, nos uivos do vento!

Vídeo relacionado: **Emiliana Torrini - The Sound Of Silence**
https://www.youtube.com/watch?v=SUTnFRlk8gQ

<u>PERIGO!</u>

Perigo!
Tua lembrança está à solta,
E não consigo
Esquecer-me de tua cabeleira revolta!

Meus sonhos sempre frequentas,
Estás a meu lado, no outro travesseiro,
E nas chuvas, nas noites cinzentas,
Ouço tua voz o tempo inteiro!

Ver uma foto tua me apunhala,
Como se fosse um punhal de verdade,
Tua memória meus sonhos embala,
Tão reais que parecem realidade!

Em um desses sonhos em que vens,
Conta-me como faço para te esquecer,
Pois de ti, meus poemas ainda são reféns,
Sempre a nosso extinto amor descrever!

Conta-me como faço para deixar essa página virada,
Mas acho que agora já é tarde demais,
Em minha mente, ficaste para sempre impregnada,
E inventei a Poesia, só para não te esquecer nunca
mais...

Vídeo relacionado: **Rod Stewart - Pure love**
https://www.youtube.com/watch?v=8fP8uPqvPyM

<u>CÉLERE</u>

Há não muito tempo atrás,
Eu era cheio de energia,
Pouco mais do que um rapaz,
Sem nem ligar para Poesia.

Mas o tempo passou, inclemente,
E, como sempre acontece,
Quando vi, já estava no poente,
No tempo em que o cabelo embranquece.

Pessoas que amei, cada antiga paixão,
Há muito partiram, para outro destino,
Outras tantas, nem sei onde estão,
Criaram asas, enquanto declino.

E, quando afinal olhei para os astros,
A minha vida passada se fora,
Célere, mal deixando rastros
Na ciranda do tempo, avassaladora.

Olho para esse ser que me fita
Pelo espelho, e que mal reconheço,
De onde veio essa tristeza infinita,

Quando foi que ela teve começo?

Quando foi que a Poesia em mim veio morar
E passou uma borracha em minha memória,
Como foi que o Sol se escondeu atrás do luar,
Quando minha história passou a ser tão ilusória?

Vídeo relacionado: **Peppino Di Capri - Champagne**
https://www.youtube.com/watch?v=ZgnDdW1mdqo

PLUMA

Seu beijo me deixou
Leve como uma pluma,
Tanto, que poderia sair voando,
Se asas tivesse!

Depois que você me beijou,
Não me restou ambição nenhuma,
Só queria continuar lhe beijando,
Enquanto vida houvesse!

Que beijo mágico foi esse,
Que me deixou assim tão feliz,
Como se a vida sonhos tecesse,
Como se o amor não deixasse cicatriz?

Esse primeiro beijo me provocou arrepios,
Desse sonho não quero mais acordar,
Quero explorar os seus lábios macios,
Enquanto a manhã não nos despertar!

Vídeo relacionado: **Kitty Cleveland - A kiss to build a dream**
https://www.youtube.com/watch?v=hv8rOhCN6-0

<u>VÍRUS</u>

Esse novo vírus
Que anda por aí circulando
Desafiando vacinas e antivírus
E o mundo inteiro apavorando
Devia tomar vergonha
Pois onde é que já se viu
Um minúsculo ser que nem sonha
Extinguir os abraços dessa forma tão vil?

Vídeo relacionado: **The Hollies - The air that I breathe**
https://www.youtube.com/watch?v=2Vh0b7yqAtE

<u>FINAL</u>

Já não tenho nada para lhe dizer,
Tudo o que havia a falar já foi dito,
Tenho o resto da vida para esquecer
Esse amor, que foi tão bonito.

Chegamos enfim ao limite,
Nada mais resta para declarar,
Não há nada mais que nos excite,
Há muito já não sabemos o que é amar.

Já não tenho lágrimas para verter,
A última lágrima foi derramada,
Já não temos milhas para percorrer,
Chegamos ao fim da jornada.

Pena ter terminado deste jeito,
Mas amores têm prazo de validade,
Já não temos um pelo outro respeito,
Estamos juntos só por piedade...

Vídeo relacionado: **Skeeter Davies - The end of the world**
http://www.youtube.com/watch?v=NZ5WeXtOacU

<u>PENÚRIA</u>

Ando numa secura danada,
A minha vista anda fraca,
O meu gás acabou.
Aproxima-se o fim da jornada,
A minha vida anda uma caca,
Até meu relógio parou!

Os negócios vão mal,
Acabou o dinheiro,
Minha esperança também!
Meu celular está sem sinal,
O corpo dói o tempo inteiro,
Não me restou um vintém!

Só a Poesia persiste,
Soprando em minha mente
Esses versos de horror,
Mas esse seu dedo em riste
Anula-me completamente,
Pois morreu até o amor!

Vídeo relacionado: **The Lettermen - Hurt so bad**
https://www.youtube.com/watch?v=brCxWZP87jU

<u>VOLTE!</u>

Deixaste a porta Roberta,
Paz nunca mais voltaste,
E, nesta Sara deserta,
A Esperança virou um traste.

Você deixou minha Cida
Vazia a escorrer pela Marcela,
Teresinha CNH está vencida,
Os dentes caíram e fiquei Manuela.

Será que um Bia ainda voltas
E me devolves da vida a Graça?
Inez a vida dê reviravoltas,
Quem sabe essa Tereza um dia passa?

Enquanto isto Arminda não acontece,
Minha Karen de rugas anda cheia,
Todo Dina essa saudade maluca cresce,
E meu Conceição pela tua volta anseia!

Vídeo relacionado: **Peppino Di Capri - Roberta**
https://www.youtube.com/watch?v=LE3enAO-QRQ

- Mais uma brincadeira da série "Cadê a palavra que estava aqui?". Divirta-se, descobrindo a palavra trocada em cada verso por outra parecida

<u>VÁ EMBORA, TRISTEZA</u>

Hoje eu acordei tristonho,
Mas eu não sou assim,
Então dei a volta por cima,
Sacudi a tristeza do rosto,
Espantei dele o desgosto,
Lembrei meu mais lindo sonho,
Vesti um sorriso de marfim,
E inventei uma esplêndida rima!
Às vezes, a tristeza aparece,
Mas só fica se você deixar,
E se abandonar às recordações,
A uma lembrança que lhe entorpece,
E eu me recuso a deixá-la ficar,
E mandar embora minhas ilusões!
Vás embora, tristeza, deixa-me em paz,
Procures algum idiota que te aceita,
Mas este alguém não sou eu!
De alguém deprimido corras atrás,
Aches quem esteja com a vida desfeita,
Para quem a esperança já morreu!
De ti, eu certamente não preciso,
Já chegam as desilusões e o cansaço,
E as peças ruins que a vida nos prega,

Então, acostuma-te com o meu sorriso,
Para ti, dentro de mim não existe espaço,
Apenas para minha alegria, que te renega!

Vídeo relacionado: **Sergio Endrigo - Io che amo solo te**
https://www.youtube.com/watch?v=8GPz5KHagWE

ALARIDO

Aquele estampido
Provocou enorme alarido,
Explodindo na noite silenciosa,
Que se tornou perigosa,
Pois atrás de um tiro,
Que corta até o ar que respiro,
Outros certamente virão,
Aumentando essa confusão,
E o risco de uma bala perdida
Faz a multidão apostar corrida
Para ver quem se evade primeiro,
Mas a bala acerta apenas um letreiro,
Que se atira ao chão em pedaços,
Espalhando ao redor estilhaços,
Que felizmente não atingem ninguém,
E o atirador se afasta com desdém,
Rindo como se fosse uma piada,
Aquele tiro numa noite estragada,
Onde amantes se jogaram embaixo da cama,
Transformando sua paixão em um drama,
Mais um pequeno crime numa noite perdida,
Apenas outro incidente idiota nessa droga de vida...

Vídeo relacionado: **Imagine Dragons - Shots**
https://www.youtube.com/watch?v=qQrgto184Tk

<u>AS LÁGRIMAS QUE NÃO HAVIA</u>

Quando cheguei em casa e descobri
Que ela de repente se fora
Veio uma dor avassaladora
E então meus olhos cobri
Para secar as lágrimas que não havia
E no que restou daquele longo dia
Percebi que nem um bilhete deixara
E nenhum objeto dela ficara
Naquele apartamento deserto
Tudo o que restara por perto
Era a sua ausência terrível
E a solidão invencível
Que levaria anos para superar
Naquilo que antes fora um lar
E agora não passava de um caco
A ouvir o bater cada vez mais fraco
De meu coração destruído
A buscar de sua partida o sentido
Mas nada saía de meus olhos secos
Como nenhuma beleza flui dos becos
Ou na mente de quem foi abandonado
Pois tudo que ficou ao meu lado
Foi o olhar sentido de minha cachorra

E até o dia miserável em que eu morra
Lágrimas nunca mais descerão
E em companhia de minha solidão
O pobre bicho nunca mais latirá
Pois alegria não mais haverá
Nada além de sorrisos falsos
Soluços enforcados em cadafalsos
E essa dor maldita que não passa
Pois a vida sem ela não tem graça
Sem aquele seu sorriso nada presta
E essa vida vazia é tudo que me resta

Vídeo relacionado: **Willie Nelson - She is gone**
https://youtube.com.br/watch?v=ZGh2Bi8FqIU

<u>ESTETA</u>

Um poeta
É um acurado esteta
Sempre a procurar a beleza
Onde ela nem mesmo existe
Mas com crises monumentais de tristeza
Por isto às vezes escreve o poema mais triste
Capaz de tirar até pica-pau do oco
Mas logo a alegria vem e dá o troco
E escreve um poema para a sua amada
No qual trabalha durante toda a madrugada
E no qual sua alma imerge
E só então nos sonhos submerge
Nos quais navega por outros mundos
Ou então percorre cruéis submundos
A se desviar de disparos de drones
Sendo levado aos ares por furiosos ciclones
Mas depois curiosamente assediado
Por deusas que ouviram o seu chamado
Expresso através de um lindo verso
Que atravessou todo o universo
Até que chegasse aos seus ouvidos
E ao ouvirem aqueles doces ruídos
Enamoraram-se por ele perdidamente

E nos emaranhados de sua mente
Mais um poema louco é costurado
Que ao despertar sem ninguém ao seu lado
Furiosamente redige em instantes
Enlevando a beleza de suas imaginárias amantes
Esquecendo-se de que um novo dia já surge
E contra sua distração sua amada real se insurge
Envolvendo-se de novo nas mesmas brigas
Que lhe inspiram algumas novas cantigas
E assim prossegue dia após dia
Enquanto durar o chamado da Poesia

Vídeo relacionado: **Carly Simon - I've got you under my skin**
https://www.youtube.com/watch?v=cvX1nhUL5jc

<u>NÃO FUI EU!</u>

Quem desistiu de nós
Não fui eu,
E agora ouço sua voz
Para dizer que não me esqueceu!

Acho que é muito cinismo
Você querer me condenar
Ao inferno, e jogar-me no abismo,
Onde as chamas irão me devorar!

Não fui o único culpado
Pelo fim daquele fogo que havia,
Cometi apenas um único pecado,
Por não ver a indiferença que crescia!

Como pode acusar-me disso,
Se você era tudo o que eu queria,
Como pode acusar-me de omisso,
Se foi sua ausência que me legou a Poesia?

Vídeo relacionado: **Elton John - Sacrifice**
https://www.youtube.com/watch?v=1MjVetH8t4k

<u>INESPERADO</u>

Foi um desastre inesperado
O nosso encontro tão aguardado:
Nossas almas não se encaixaram
E depois, nunca mais se encontraram!

Vídeo relacionado: **Century - Lover why**
https://www.youtube.com/watch?v=uF4SbWUcxow

<u>UMA PEÇA DE TEATRO</u>

A vida é uma peça de teatro,
Que nos deixa de quatro
A cada vez que terminamos
Com a pessoa que amamos,
E, cada vez que a cortina se cerra,
Uma nova ilusão se encerra,
E, quando os atores se encaram,
Antigas feridas abertas não saram...
Mas, quando se trocam os cenários,
Revelam-se os segredos mais ordinários,
E morrem os amores mais extraordinários,
Porém, que jamais tiveram uma chance
De acabarem se tornando um romance...
E, quando a cortina se novo se desvenda,
Os olhos se livram de mais uma venda,
E, no início de um novo ato,
Olhares carentes fazem contato,
Sugerindo juras trocadas ao luar,
Novos mistérios a desvendar,
E um sorriso devastador nos convida
Para um novo ato na peça que chamamos de vida!

Vídeo relacionado: **Anarchic System - See me, hear me**
https://www.youtube.com/watch?v=jsOtq2qvEJI

AS CURVAS QUE O VENTO FAZ

O vento faz curvas incríveis
Somente para tocar-me o ouvido
E contar-me histórias extraordinárias
Que ouviu quando estava a passar
Sobre grandes amores impossíveis
Amantes contumazes que perderam a libido
Ou histórias sobre cortesãs lendárias
Que se dividiam entre a cama e o altar

Não sei como o vento sopra onde não há janelas
Desviando o percurso em frestas ou quinas
Para me contar histórias maravilhosas
Que ele ouviu sem que soubessem
Sobre mulheres tão vadias quanto belas
Que não rodam bolsinhas nas esquinas
Mas fazem coisas muito mais perigosas
E por causa disto de repente adoecem

O vento me alcança nos locais mais inusitados
No meio de um corredor ou em frente ao elevador
Lugares onde não há espaços para que ele trafegue
Sopra em meus olhos e murmura em meus ouvidos

Os contos de paixão e êxtase mais apaixonados
E as histórias mais extraordinárias de amor
Assim como o sofrimento que aos amantes persegue
E a vida que lhes nega destinos nunca cumpridos

Vídeo relacionado: **Melim - Ouvi dizer**
https://www.youtube.com/watch?v=vaXCSYva2FM

<u>DANEM-SE</u>

Danem-se as convenções
Sobre insuspeitas paixões,
E essas idiotas críticas
Sobre minhas convicções políticas.

Dane-se o politicamente correto
E as curvas em ângulo reto,
Pois mulheres devem ter muitas curvas,
Mesmo que tenham mentes turvas.

Dane-se quem repudia
Essa louca Poesia
Que escorre de meus dedos
E deixa escapar inúteis segredos.

Dane-se quem me olha torto
Com olhares de peixe morto,
Quem disse que para eles eu ligo?
Os portões do inferno serão seu abrigo!

Danem-se as paixões inacessíveis,
Assim como os amores impossíveis,
E quem no amor nem acredita,

Pois a descrença será sua desdita.

Dane-se quem contra Deus vocifera,
E que a vinda de Satanás espera,
O ódio será sua herança,
E com um demônio sua última dança!

Vídeo relacionado: **Chris De Burgh - Forevermore**
https://www.youtube.com/watch?v=XgFNtR-4W5E

UM PECADO

Quero cometer um pecado contigo
Por algumas horas ou dias,
E, se depois morrer, eu nem ligo,
Pecados carregam sempre um perigo!

E se acontecer de eu morrer antes disso?
Carregarei o remorso pela eternidade,
Por ter sido assim tão omisso,
E deixar escapar um amor de verdade!

Paixões não nascem assim, tão avassaladoras,
Mas costumam ir num crescendo,
Às vezes se revelam fora de hora, traidoras,
Mas eu te amo desde que por gente me entendo!

E mais vale um gosto do que dois vinténs,
Deixa-te levar pelas tuas vontades, desta vez,
Por algumas horas, sejamos do amor reféns,
Deixemo-nos levar por uma doce embriaguez!

E naqueles beijos que a alma nos tocam,
Como só tu consegues me fazer sentir,
E as imagens que nos espelhos nos provocam,

Darão no coração um nó, depois que te despir!

E, depois de tomarmos uma garrafa de vinho,
Que nos arranque confissões tão esperadas,
Tua lembrança estará aqui, até o fim do caminho,
A me acompanhar, mesmo nas mais tristes jornadas...

Vídeo relacionado: **Simone - Pecado**
https://www.youtube.com/watch?v=SZ9tN-EmQHs

SEM DEIXAR REFRÃO

Ela se foi, sem deixar nem refrão,
Levou até meu velho violão,
Junto com todos os seus pertences,
Deixando-me só, nas noites goianienses!

E agora, quem, nas frias madrugadas,
Ouvirá os meus tristes lamentos,
E minhas canções desesperadas
Nesses meus dias cinzentos?

Será que por acaso ela sabe
Que nunca mais a esquecerei,
E que em minhas noites não cabe
A solidão que para sempre terei?

Será que ela conhece
O tamanho da minha dor?
Será que não reconhece
Que o nome disto é amor?

Vídeo relacionado: **Randy Vanwarmer - Just when I needed you most**
https://www.youtube.com/watch?v=0cZIFWZELto

<u>UM BEIJO ANTES DO FIM DO MUNDO</u>

Antes que o mundo termine
Quero um único beijo teu,
Talvez de outros tantos seguido,
E um olhar que ilumine
Essa paixão que aos poucos cresceu,
E que me sussurre no ouvido
O quanto por esse beijo ansiava,
Mas não tinha coragem de dizê-lo,
Mas que por vezes deixava escapar,
Naquele sorriso que tanto insinuava
E que me arrepiava até o último pelo,
E enchia de esperanças o meu olhar.
Antes que a última bomba exploda,
Um dia antes dos mísseis cruzarem os céus,
Quero estar em tua doce companhia,
Compartilhando essa emoção toda,
Desvendando do amor todos os véus,
Numa última noite de amor e Poesia...

Vídeo relacionado: **Corneille, Vincent Niclo & Roch Voisine - Fly me to the moon**
https://www.youtube.com/watch?v=XxHJHjVVTRI

AS DIGITAIS DO AMOR

Amores deixam impressões digitais
Reconhecíveis
Memórias e ocultos sinais
Inconfundíveis
Palavras e versos banais
Intraduzíveis
Promessas sensuais
Irreprimíveis
Seguidas de olhares fatais
Inconcebíveis
E depois noites passionais
Irrepreensíveis
Aflorando desejos pouco usuais
Incorrigíveis
Experimentando posições irreais
Inacessíveis
Que provocam taras reais
Invencíveis
E deixam saudades anormais
Imperecíveis

E lembranças que não se apagam jamais
Inesquecíveis
Ao separarem apaixonados casais
Quando impossíveis

Vídeo relacionado: **Richard Jon Smith - That's why I love you**
https://www.youtube.com/watch?v=mY4Y-DUj4hI

<u>INSENSÍVEL</u>

Tu és tão insensível,
Nem ligas para meu olhar sonhador,
Para ti, eu sou invisível,
Nem vês meu olhar cheio de amor!

Tu olhas através de mim,
Como se eu nem mesmo existisse,
Ou estivesse em Pequim ou Berlim,
E ficas sem saber o que nunca te disse!

Fico ensaiando por várias horas
O que direi quando afinal me olhares,
Mas quanto mais me ignoras,
Mais mergulho em teus quasares!

Em meus sonhos, eu te procuro,
Através das estrelas mais distantes,
Mas não consigo atravessar esse muro
Que ergueste ante teus olhos faiscantes!

Qualquer dia, mostrarei a ti um cartaz,
Onde poderás ler algo como isto:
"Se me olhares um mísero minuto, saberás
Que longe de ti, eu nem sequer existo!"

Vídeo relacionado: **Chico Buarque – Lua cheia**
https://www.youtube.com/watch?v=sT8IA3uCjNg

<u>REVIRAVOLTAS</u>

O mundo dá voltas,
E desarma cruéis armadilhas,
Coleciona reviravoltas
Descritas em esquecidas cartilhas.

Quando eu te pedi perdão,
Deste-me um chute no rim,
E agora, ficas jurando paixão
E correndo atrás de mim.

Mas já é tarde demais,
De ti afinal me curei
E nunca, nunca mais,
Para ti voltarei.

Anos depois, estou recuperado,
Nosso caso foi só um acidente,
E fora desse jogo fui jogado,
Mas não serei reincidente.

Teu amor é uma canoa furada,
Declino dessa missão suicida,
És apenas uma página virada
No livro de minha vida.

Vídeo relacionado: **David Gates- Goodbye girl**
https://www.youtube.com/watch?v=79lp0IjmjwY

<u>OS VIAJANTES</u>

De uma estrela que chamamos Sirius B, eles vieram,
Em dias de um passado remoto,
E entre nossos antepassados estiveram,
Causando o impacto de um terremoto.
Suas naves eram confundidas com dragões,
E seus trajes espaciais, com vestes cerimoniais,
Ao voarem, pareciam navegar através de trovões,
Deixando maravilhados nossos ancestrais.
Foram considerados deuses, com suas estranhas silhuetas,
E espalharam os seus conhecimentos científicos,
Construindo monumentos por todo o planeta,
Pirâmides, monumentos e templos magníficos,
Que ainda hoje se espalham em cada continente.
Em quase todos os povos antigos, deixaram suas lendas,
Até que, milhares de anos atrás, partiram de repente,
E, desde então, tribos lhes oferecem cerimoniais oferendas,
Esperando o dia em que das estrelas regressem.
Mas continuam por aqui, porque nossas sanhas os apavoram,
E poderiam nos destruir muitas vezes se quisessem,
Mas tudo indica que apenas nos monitoram,

Para garantir que a espécie humana, que aprimoraram,
Com seus estudos avançados e experiências genéticas,
Um dia chegue ao ponto de evolução que projetaram,
E deixemos de lado essas nossas guerras patéticas,
E nos organizemos para construirmos um novo futuro,
E só então, quando nos julgarem capazes de entendê-las,
Para nós se mostrarão novamente, quando julgarem
seguro,
Para que possamos ir, junto com eles, explorar as
estrelas...

Vídeo relacionado: **Simply Red - Star**
https://www.youtube.com/watch?v=izOdvBmTDh0

IRMÃOS DE SANGUE

Para que irmos à guerra
Tanto ódio, tanta revolta,
Tanto sangue em nossas mãos?
Para que incendiarmos a Terra
Com esse caminho sem volta,
Se afinal somos todos irmãos?

Vídeo relacionado: **Dire Straits - Brothers in arms**
https://www.youtube.com/watch?v=ajKLNSk1s2w

DE SURPRESA

Ela chegou sem que eu a esperasse,
Cheia de sorrisos e olhares,
Esperando que eu a convidasse
Para mergulhar em meus mares,
Profundos e cheios de segredos,
Confidenciados a mim pela Poesia,
Disfarçados em intrincados enredos,
Mas, mesmo tentado, eu ainda resistia,
Mesmo que com isto sempre sonhasse,
Mas andava meio com o pé atrás,
Mas o convite que vi em sua face
Mais uma vez tirou-me a paz,
Pois ela era tudo o que eu sonhara,
Nessas longas noites insones,
Pensando em sua pele tão clara
E em seus olhos que abrigavam ciclones,
E agora, todos eles me açoitavam,
Convidando-me para um passeio aéreo,
Enquanto seus olhares me fustigavam,
E eu desvendava enfim seus mistérios,
E então, desisti e me atirei em seus braços,
Num abraço que durou um milhão de anos,
Reunindo enfim todos os meus pedaços,

E rasguei minha apólice de perdas e danos,
Depois que pela primeira vez a beijei,
Pois o que me importaria o que me acontecer,
Após eu conseguir enfim o que tanto sonhei,
E em seus braços suavemente adormecer?

Vídeo relacionado: **Sixto Rodriguez - I think of you**
https://www.youtube.com/watch?v=NMeR8FYw5UE

UM INSTANTE

Nossa vida não dura mais do que um instante,
Quando se vê, já estamos quase no limiar,
Por que nosso amor se fez tão hesitante,
Por que demorei tanto para lhe amar?

Nossa aventura já está terminando,
Já quase não temos hora ou lugar,
O brilho no olhar está se esgotando,
Resta-nos tão pouco tempo pra sonhar!

Mergulhe junto comigo na noite,
Sob as bênçãos desse lindo luar,
Fique tranquila, não se afoite,
Deixe meu corpo o seu explorar!

Vamos juntos cavalgar as horas,
Enquanto a lua brilha sobre o mar,
Crave em meu dorso suas esporas,
Grite de prazer, enquanto a noite durar!

E, quando o Sol surgir no horizonte,
E a mais linda manhã nos acordar,
Deixe que um novo capítulo lhe conte,
Da epopeia que me inspirou o seu olhar!

Vídeo relacionado: **The Walkers - I adore her**
https://www.youtube.com/watch?v=j0X8lzUd9MQ

UM ÚLTIMO BEIJO

Dê-me um beijo apenas,
E depois então partirei,
Para expiar minhas penas,
Pois nunca mais a verei.

Nessa minha longa jornada,
À procura do conhecimento,
A saudade trilhará minha estrada,
Pensarei em você cada momento.

Mas, quem sabe, um dia isto passa,
Minha alma se acostume com sua ausência,
Um outro amor habite minha carcaça,
E acabe com essa cruel abstinência.

Mas, enquanto isto não acontece,
Devo me conformar em perdê-la,
E, em cada vez que anoitece,
Preciso me lembrar de esquecê-la.

Vídeo relacionado: **Jim Diamond - I should have known better**
https://www.youtube.com/watch?v=Ys1gPBYG1Ao

MUITO DEPOIS

Olho no espelho, sem entender o que se depara,
Mal reconhecendo a face que me mostrara,
Até que de repente uma ideia dispara,
Por que olho para mim e vejo sua cara?

Por que não passa essa quimera,
E essa doença insana não sara,
Por que ela ficar não pudera,
Se nossa paixão era tão rara?

E fica a me rondar essa paixão vampira,
Que me suga como até então não sugara,
Numa avidez como até então não ouvira,
Na insensatez que meus sentidos dominara!

Muito depois que ela se fora,
E um beijo em meus lábios depositara,
Restara essa saudade avassaladora,
No mel que em meus lábios ficara!

Essa imagem que o espelho captura,
Onde paira o amor do qual não cuidara,
Revela a minha dúvida mais obscura:
Será porque jamais a olvidara?

Vídeo relacionado: **Cigarettes After Sex - Dreaming of you**
https://www.youtube.com/watch?v=6yjJ-2L15rg

<u>UMA DANÇA</u>

Faça para mim uma dança sensual,
Tantalizante, escandalizante,
Como não existe no manual
Da *stripper* mais delirante!

E, antes da última peça tirar,
Requebre os quadris,
Do jeito mais vulgar,
Com movimentos febris!

Vire-se de costas para mim,
E desça devagar a última peça,
E com essa linda boca carmim,
Murmure uma louca promessa!

Ria dos meus olhos vidrados,
E jogue seu corpo sobre o meu,
Então, avalie os estragos causados,
Pelo choque que você me deu!

Veja só o que você me causou,
Com essa visão alucinante,
E o efeito que isto provocou:

Meu ego era grande, e ficou gigante!

Depois, trate de tirar proveito
Do impacto do seu *strip tease*,
Dessa febre que invade meu peito,
Deixando-me assim tão feliz!

E, por toda essa noite obscena,
Aproveite essa doce travessura,
Dê-me uma overdose de sua pele morena,
Nesse quarto de onde se evadiu a censura!

E, quando a manhã nos despertar,
Olhe-me nos olhos, com doçura,
E confesse que jamais poderia imaginar
Que um *strip tease* provocaria tanta loucura!

Vídeo relacionado: **Tina Turner - Private dancer**
https://www.youtube.com/watch?v=s-tbwzwLlT4

<u>REAPAREÇA</u>

Reapareça,
Dê o ar de sua graça,
Antes que eu enlouqueça,
Porque a saudade não passa!

Antes que surja o Sol,
Enquanto a lua anda alta,
Ligue-me, dê um *call*,
Confesse que de mim sente falta!

Troquemos confissões,
Deixando o orgulho de lado,
Falemos sobre paixões,
Sobre amor e pecado!

Suas emoções liberte,
Mesmo que eu não as veja,
E enquanto umas lágrimas verte,
Confesse que ainda me deseja!

E, enquanto meus olhos inundo,
Diga que sempre irá me amar,
E, mesmo do outro lado do mundo,
Jure que para mim vai voltar!

Vídeo relacionado: **After All - If you need me
https://www.youtube.com/watch?v=TlhwklXLguI**

<u>GOSTOSURAS OU TRAVESSURAS?</u>

Hoje, bem distante do *Halloween*,
Conte em segredo para mim:
Você prefere gostosuras
Ou travessuras?
Você parece uma mulher
Que sabe o que quer,
E se diverte em seduzir
Com esse olhar que vive a luzir,
Onde estrelas se movem,
E nessa sapequice tão jovem,
Parece não se importar
Com um cometa que está a passar,
Disfarçado de um poema,
Ao qual faltou um esquivo fonema,
Mas que ninguém achou que fosse preciso,
Pois quem em perfeito juízo
Leria um poema em formato de cometa,
Que poderia subverter todo o planeta,
Ou levar você a me convidar para jantar,
Um encontro romântico sob a luz do luar,
Numa noite de vinhos e queijos,
Que terminasse em ardentes beijos,
E talvez então eu descobrisse

Que, por trás dessa sua meiguice,
Esconde-se um vulcão quase ativo,
Ativável por um beijo lascivo,
Que, uma vez despertado,
Espalha chamas para todo lado,
E demora muitas horas para se apagar,
Enquanto durar esse irresistível luar...

Vídeo relacionado: **Oswaldo Montenegro - Travessuras**
https://www.youtube.com/watch?v=dg4pbf0kcXk

FILME ESTRANHO

Esse filme estranho que assisto,
Solitário sob a luz de neon,
Traz uma tristeza à qual não resisto,
Uma oitava acima do som!

Que história terrível é esta,
Capaz de levar alguém à loucura?
Depois de conhecê-la, o que nos resta,
Exceto tremer de medo na noite escura?

Não há sobreviventes no crime dessa história,
O único a escapar com vida ficou louco,
E, nessa metralhadora giratória,
Nunca foi tão fácil morrer por tão pouco!

Como sair dessa ciranda maldita,
Liberada por assistir a esse imenso crime,
Como escapar dessa torpeza inaudita,
Desse novelo sem fim que nos oprime?

Vídeo relacionado: **Adem - Cut**
https://www.youtube.com/watch?v=Okyd57yQu3o

<u>CORTE</u>

Esse corte por onde meu sangue se esvai,
Jorrando em borbotões pela calçada,
Carrega minha vida, que por ele sai,
No fim dessa minha longa jornada!

A faca que covardemente me feriu
Perto de meu corpo caído foi jogada,
E saiu correndo aquele assassino vil,
Fundindo-se com as trevas na madrugada!

Levantei-me, apertando a ferida,
Através da camisa, de sangue empapada,
Tentando segurar o que me restava de vida,
Enquanto o sangue enchia a calçada!

Peguei o celular, que o ladrão nem levara,
E liguei para o serviço de ambulâncias,
E imaginei que o terror deformara minha cara,
Enquanto o socorro percorria as distâncias!

Se houver chegado a minha hora, não tenho medo,
Pois agradeço a Deus pelo que construí por aqui,
Mas somente no jornal de amanhã cedo
É que finalmente saberei se eu morri...

Vídeo relacionado: **Julia Westlin - Paradise**
https://www.youtube.com/watch?v=zJCJwMQfJsU

<u>NÃO VOO</u>

Se você me chamar, eu não voo,
Dois cansei de ser desprezado,
De você amora só tenho enjoo,
E só faz Marte de meu passado!

Seguiremos calinhos diferentes,
Você vai para o Morte, eu para o Sul,
Roças estradas serão divergentes,
Você cai para o Alasca, eu para Istambul!

Não me molhe com esse olhar esquisito,
Pensando que eu lenha enlouquecido,
Mas de sua compaixão eu cão necessito,
Ficar com você, para mim não paz sentido!

Não me ligue de ovo, por favor,
Maça de conta que eu não existo,
Dancei dessa história de horror,
De bicar atrás de você eu desisto!

Vídeo relacionado: **Lenine - Paciência**
https://www.youtube.com/watch?v=oyv0HuhviNk

- Mais uma brincadeira da série "Cadê a palavra que estava aqui?". Divirta-se, descobrindo a palavra trocada em cada verso por uma parecida

<u>VOYEUR</u>

Enquanto te despes sensualmente,
Gravo tua imagem em minha mente,
Ponto a ponto, pixel por pixel,
Nenhuma outra chegou ao teu nível,
Que me fizesse transpirar assim,
Um anjo a poucos passos de mim,
Tirando devagar roupas e asas,
Fazendo-me afundar em águas rasas,
Enquanto meus olhos se entortam,
E ao meu olhar se transportam
Memórias de ti que nunca tive,
Taras loucas que sempre contive,
E que agora assim se revelam,
Enquanto meus olhares te velam,
Desnudando-te assim devagar,
Lentamente a desvendar
Os teus mistérios profanos,
Que persegui por tantos anos,
E estou prestes a presenciar
Essa maravilha nesse lugar,
Que será depois meu santuário,
Onde esse dia extraordinário
Estará para sempre presente

Em meus recônditos, eternamente,
Enquanto vida ainda me reste,
A me lembrar dessa visão celeste,
De ti, esplendorosamente nua,
A rires, dessa devassidão que é tua,
E que, dentro de alguns minutos,
Mergulharei em teus doces redutos,
Depois que meu extasiado olhar
Descobrir que para sempre irei te amar...

Vídeo relacionado: **Bryan Ferry - Slave to love**
https://www.youtube.com/watch?v=NO2Lbkbr5Gg

<u>QUASE LOUCO</u>

Tu me levas à loucura,
Com esse jeito estranho de ser,
Nessa nossa louca aventura,
Que eu nunca quero esquecer!

Se ficar louco é o preço que pago
Por te amar tanto assim,
Que seja, em teus braços naufrago
Com toda a loucura que há em mim!

Contigo, encontrei a felicidade,
Seja lá qual é o preço que custa,
Só contigo eu sou de verdade,
Ficar um instante sem ti me assusta!

Por isto, se perco o juízo aos poucos,
Fica um pouquinho demente também,
Pois, se nós dois ficarmos loucos,
Sãos como nós, não haverá mais ninguém!

E se, mesmo no limiar da loucura,
Ainda que um psiquiatra me dê um atestado,
Se alguém me oferecer uma cura,
Preferirei continuar louco, se for ao teu lado...

Vídeo relacionado: **Katie Melua - The closest thing to crazy**
https://www.youtube.com/watch?v=VRjU_2Nxzms

MUITO ALÉM DO MAR

Vem, vamos juntos cavalgar as estrelas,
Mas sem tentarmos entendê-las,
Pois você sabe, isto deixa alguém muito louco,
E isto eu já sou, mesmo que seja só um pouco,
Mas anos atrás, ser louco era tudo o que eu queria,
Mas era só mais uma louca fantasia,
Mas para mim como está já é o bastante,
Pois a loucura te faz inconstante,
E, como poeta, isto eu já sou,
E minha loucura nunca sarou...
Mas de que isto importa afinal,
Se todos ficam meio loucos no Carnaval,
E se fartam de cachaça e fumaça,
Mas na verdade a loucura não passa,
Quem é pirado quer dominar o nada,
Converter a água doce em salgada,
Só para temperar sua salada,
Que, na verdade, já estava temperada!
Mas deixemos isto para lá, meu bem,
Nesta noite linda, quero invadir um trem,
Ou quem sabe até mesmo um navio,
Mas hoje à noite nem está muito frio,

E toda essa cerveja me deixou meio tonto,
Por isto, antes de encerrar esse louco conto,
Quero em teus beijos o resto da noite me afogar,
E despertar, sóbrio, mergulhado em teu mar...

Vídeo relacionado: **Sonny Ellington - Beyond the sea**
https://www.youtube.com/watch?v=hM4g_jJpgoM

O CHAMADO DO AMOR

Escutei uma voz me chamando,
Mas olhei, e não vi ninguém!
Será que a mente está me enganando,
Ou algo que comi não me fez bem?

Esfreguei os olhos, mas não adiantou,
Continuei sem ouvir quem me chamava,
E depois, pelo dia inteiro continuou
Essa voz que em minha mente pulsava!

E esse mistério, pelo dia inteiro seguiu,
Até o momento em que te conheci,
E naquele instante, um sino tiniu
E naquele momento, então entendi!

Quando apertei a tua mão tão quente,
E vi aquele teu sorriso encantador,
Descobri que o que bailava em minha mente
Era somente o chamado do amor...

Vídeo relacionado: **Mazzy Star - Fade into you**
https://www.youtube.com/watch?v=S8QOaaoiT9U

O TEMPO ENGARRAFADO

Tentar enganar o tempo é inútil,
Pois ele tem a idade da Vida,
Por isso, faça alguma coisa de útil,
Em vez de com ele apostar corrida.

Aceite as rugas, elas apenas testemunham
Que você já viveu um tempo bem razoável,
Muito mais do que suas previsões supunham,
E acostume-se ao fato de que o passado é imutável.

Nada do que você faça fará o tempo voltar,
Aquela sua namorada da juventude já morreu,
A pessoa com quem você subiu ao altar,
Como também aconteceu com você, envelheceu.

Filhos e netos são agora a sua realidade,
Faça a sua parte para que sejam felizes,
Para que, quando você partir, tenham saudade,
E que os momentos alegres suplantem os deslizes.

Como acontece com todas as coisas, nosso dia chegará,
Viva de forma a que, se você se for antes de sua amada,
Quando ela se lembrar de você, uma lágrima descerá
Mansamente, a lembrar da vida de amor que deixaram
gravada.

Vídeo relacionado: **Jim Croce - Time in a bottle**
https://www.youtube.com/watch?v=H6jNc-HDwVA

ESPELHO QUEBRADO

Nesse espelho partido em pedaços,
Vejo centenas de partículas de mim,
Cada uma delas a preencher estilhaços,
Como se estivessem num multiverso mirim!

Cada uma dessas imagens distorcidas,
Espalhadas pelo assoalho do banheiro,
Guarda alguns instantes de minhas vidas,
Espalhadas como agulhas num palheiro!

Pois, no momento em que o espelho se partiu,
E, com horror, vi minhas imagens tão vivas,
Percebi com clareza que o tempo se dividiu,
Em inúmeras realidades alternativas!

Será que essa loucura que vi num relance,
Quando o espelho se quebrou, sem que eu saiba por quê,
Nesses múltiplos Universos, terei uma nova chance,
E em alguma dessas realidades, ainda tenho você?

Vídeo relacionado: **Célia - Vidas inteiras**
https://www.youtube.com/watch?v=HhN_Nn1CQh0

WHAT WOULD HAVE HAPPENED TO HER?

What would have happened to her?
Because I miss her so much,
I dream about her long hair
And I feel in my hand her touch.

Time passes by and let its marks,
Tears rolling slowly down my face,
Shadows rounding me like sharks,
Remembering our last embrace.

She leaved and with her my soul is gone
Dark shadows had cover the moon,
I hear in the night the ring of her phone,
And our hearts beat together in the same tune.

The dark of the night goes down,
With the rise of a brand new day,
But the sadness remains in this lost town,
Asking me: will her return to me someday?

Vídeo relacionado: **Julia Westlin - Your rhythm**
https://www.youtube.com/watch?v=JmtUj8WM5Ms

ÍNDICE

ÍNDICE ALFABÉTICO

ÍNDICE DE VÍDEOS

COMENTÁRIOS DE OUTROS ESCRITORES SOBRE OS POEMAS DESTE LIVRO:

<u>Cícero Novais</u>: Verdade! A vida é uma grande quimera, cheia de dor e ilusões; um passo em cadafalso e o nó da forca aperta e põe fim à primavera.
(**"AS LÁGRIMAS QUE NÃO HAVIA"**)

<u>Inez Curado</u>: Simplesmente perfeito! Mágico.
<u>Marisa (a)Penas</u>: Gostei do autorretrato.
(**"ESTETA"**)

<u>Gloria Maria Gomes Estelita</u>: Divinamente bela!
(**"IMPRESSÃO"**)

<u>Marisa (a)Penas</u>: Súplicas de apaixonado. Um poeta a correr atrás de sua Musa.
(**"INSENSÍVEL"**)

<u>Teodoro Ramos</u>: Belíssimo, como quase todos os seus poemas!
(**"MUITO DEPOIS"**)

<u>Inez Curado</u>:Um dos mais belos poemas seus que tive o prazer de ler. Parabéns, poeta!

<u>Marisa (a)Penas</u>: Linda ode à poesia. Muito bom, Mestre.
(**"O CONVITE DA POESIA"**)

<u>Marisa (a)Penas</u>: Versos tratando do eterno circular da busca daquele afeto idealizado. Legal, Mestre.
(**"UMA PEÇA DE TEATRO"**)

<u>Vanessinha Lima</u>: Belíssimo, meu amigo!
<u>Teodoro Ramos</u>: Excelente! Parabéns, poeta!
(**"VÁ EMBORA, TRISTEZA"**)

<u>Ana Elizabeth Zafred Zanini</u>: Poemas apaixonantes, repletos de arroubos! Capas dos livros que seduzem à primeira vista!
<u>Marisa (a)Penas</u>: Despedida para não funcionar. Coisas de poeta!!!
(**"VOLÁTIL"**)

SOBRE O AUTOR

Engenheiro Eletricista pela Universidade de Brasília por formação, Analista de Sistemas por opção, poeta por destino, casado, 2 filhos e 1 neto, apreciador de boa música, cinema, literatura, HQs, seriados e amigos (não necessariamente nesta ordem).

Participante das antologias:

• **"Declame para Drummond 2012"** (2012), com o poema **"Máscaras"**;

• **Antologia 2015 – Literatura Goyaz"** (2015), com os poemas **"Os oceanos entre nós"** e **"Morpheus"**;

• **"Desafio"** (2016), com os poemas **"Finito","De solidão e de sonhos"** e "Olhar";

• **"Dez Poetas e Eu Vol. 3"** (2016), com os poemas **"Átimo"**, **"Diário"**, **"Julgamento"**, **"Roleta russa"**, **"Buracos negros"**, **"Paronímia"**, **"As últimas gotas de orvalho"**, **"Repositório"**, **"Simplesmente você"** e **"Quando eu te conheci"**; e

• **"Raiz da Poesia"** (2017), com os poemas **"Os segredos que escondes no olhar"**, **"Borboleta"**, **"Autópsia"**, **"La nuit"**, **"O tio da suspeita"**, **"Aldebaran"** e **"Os sons do silêncio"**.

Links dos livros:

• Clube dos Autores:

- Amazon:

Homenageado com uma seção na página do **Templo Cultural Delfos**, relicário da Literatura, com 50 poemas.

<u>MULTIMÍDIA</u>:

- Ao final de cada poema, há um código de barras apontando para um belo vídeo do Youtube. Basta abri-lo com um aplicativo de celular ou *tablet*, como o *QR Code Reader*. A *playlist* completa está no link abaixo.